Alfred Eglin-Weidmann

Täglich 3 Tropfen Humor

Alfred Eglin-Weidmann

Täglich 3 Tropfen Humor

Witze, Anekdoten und Lebensweisheiten

Alfred Englin-Weidmann
Täglich 3 Tropfen Humor
Witze, Anekdoten und Lebensweisheiten

3. Auflage 2024

Gedruckte Fassung:
ISBN 978-3-85580-551-8

E-Book:
ISBN 978-3-85580-580-8

1. und 2. Auflage sind im Blaukreuz Verlag Schweiz erschienen.

Illustrationen: Karl Herweg
Umschlaggestaltung und Satz: diaphan gestaltung, Liebefeld
Druck: Bookpress.eu, Olsztyn, Polen

Dieses Buch und weitere interessante Medien
(Auslieferung auch in DE/AT) können Sie beziehen bei:

MOSAICSTONES, Tel. +41 33 336 00 36
info@mosaicstones.ch, www.mosaicstones.ch

Vorwort

Die Aufgabe eines Pfarrers ist es, Menschen in einer Notlage beizustehen und sie aufzurichten. Mit meinem Buch «**Hoffnung schöpfen**» habe ich bereits im Jahr 2013 mit Worten und Bildern versucht, Trost zu spenden und Mut zu machen.

In meiner langjährigen Arbeit als Gemeindepfarrer habe ich aber auch erlebt, dass vor allem ältere Menschen dankbar sind für humorvolle Worte, Anekdoten und Witze. Das spontane Lachen hat sie locker und fröhlich gestimmt. Sie konnten die alte Weisheit erfahren: «**Lachen ist die beste Medizin**».

Aus diesem Grund habe ich mich entschlossen, meine über Jahre gesammelten Anekdoten und Witze in diesem Büchlein herauszugeben.

Um der nun vorliegenden Publikation noch etwas Tiefgang zu verleihen, habe ich das Kapitel «Zum Nachdenken» angefügt. Dieser Abschnitt enthält Zitate und Aussprüche, die uns anregen, über unser Leben nachzudenken.

Bereichert wird der Text durch Illustrationen von Karl Herweg.

Ich wünsche Ihnen viel Vergnügen!
Alfred Eglin-Weidmann

Ratschlag

Witze geniesst man wie Pralinen:
Zwei oder drei pro Tag.

Wer eine Schachtel auf einmal verschlingt,
verdirbt sich den Magen.

Quellenangaben

Witze und Anekdoten werden von Mund zu Mund, in Zeitschriften und in speziellen Witzbüchern weitergegeben – immer ohne Angabe einer Autorin oder eines Autors. Darum fehlen auch in diesem Büchlein die Quellenangaben.

Anders verhält es sich mit den Zitaten und Aussprüchen im letzten Kapitel «Zum Nachdenken». Wo immer möglich, ist hier die Quelle genannt.

Inhalt

Im Alltag

Gast im Restaurant zum Kellner: «Für mich ein Mineralwasser, bitte!»
Kellner: «Sie müssen nicht so laut reden; ich bin nicht schwerhörig!»
Dann macht er einen Schritt auf den Gast zu und fragt: «Mit oder ohne Rahm?»

In einem Dorfrestaurant bekommt der Gast sein Käsesandwich.
Er fragt den Kellner: «Ist es Schweizer Käse?»
«Nein, holländischer.»
«Ich möchte aber Schweizer Käse!»
Der Kellner geht mit dem Sandwich zurück in die Küche und ruft: «Schnell, nehmt diesen Edamer und bürgert ihn ein!»

Fragt ein Schotte seinen Freund: «Willst du an Weihnachten mit mir zusammen essen?»
«Gerne!», erwidert der Freund.
«Gut», sagt der Schotte listig, «dann bin ich um 19 Uhr bei dir.»

Markus bietet seinen Klassenkameraden Apfelkerne zum Kaufen an. Er behauptet, davon werde man sehr gescheit. Peter kauft sich fünf für fünf Franken und schluckt sie hinunter.
Am nächsten Tag kommt er zur Schule und sagt zu Markus: «Du hast mich reingelegt. Für fünf Franken hätte ich mir einen ganzen Sack Äpfel kaufen können.»
«Siehst du», entgegnet Markus, «die Apfelkerne wirken schon!»

In einem Dorf im Oberen Baselbiet klingelt jemand bei Familie Sutter an der Hausglocke. Die Tochter springt auf, eilt zur Haustüre und öffnet diese. Vor der Türe steht ein junger Mann. Nach einem kurzen Wortwechsel ruft die Tochter ins Haus: «Mama, ein junger Mann steht hier und sammelt für die Feuerwehr unseres Dorfes.»
Mama ruft zurück: «Sei grosszügig und gib ihm einen Eimer Wasser!»

Drei ehemalige Schulkollegen, Beat, Heini und Hannes, treffen sich nach zehn Jahren zu einem Nachtessen. Nach dem Dessert sagt Beat, der immer für einen Scherz gut ist: «Jetzt wollen wir sehen, wer von uns dreien die kräftigsten Hände hat.» Dann zieht er eine ausgepresste Zitrone aus der Kitteltasche, nimmt sie in beide Hände und drückt und drückt und drückt; aber kein Saft tropft auf den leeren Teller. Nun ist Heini an der Reihe. Auch er drückt und drückt und drückt; aber auch er hat keinen Erfolg. Er gibt die Zitrone an Hannes weiter. Dieser legt sofort Hand an – und presst tatsächlich noch zwei Tropfen Saft in sein leeres Glas. Ganz erstaunt fragt Beat: «Woher hast du so viel Kraft? Was bist du denn von Beruf?»
Hannes trocken: «Steuerbeamter!»

Ramona zum Vater: «Papi, wie hat Gott es geschafft, die Welt in sechs Tagen zu erschaffen?»
Vater: «Er war nicht auf Handwerker angewiesen.»

Flavio zum Vater: «Wie heisst eigentlich die Schwiegermutter von Adam?»
Vater: «Adam hatte doch keine Schwiegermutter, er war im Paradies!»

Kurt geht in die Tierhandlung und möchte einen Papagei kaufen. Er sieht sich drei Exemplare an und fragt den Verkäufer: «Was kostet dieser gelbe?»
Der Verkäufer: «800 Franken. Er spricht sehr deutlich.»
«Was kostet dieser graue?», will jetzt Kurt wissen.
«1000 Franken. Er ist sehr lernfähig, er spricht Deutsch und Französisch.»
Nun zeigt Kurt auf den roten und fragt: «Was kostet denn dieser?»
«1200 Franken», gibt der Verkäufer zu bedenken.
«Was kann denn dieser noch besser als die anderen?», fragt Kurt verwundert.
Der Verkäufer: «Das weiss niemand so recht; aber alle reden ihn mit ‹Chef› an.»

Ein Basler namens Johannes Freudenhaus schämt sich seines Namens. Er möchte ihn geändert haben. Er begibt sich auf die Stadtverwaltung und fragt nach dem zuständigen Beamten. Diesem bringt er sein Anliegen vor. Eine Namensänderung sei möglich, gibt ihm der Beamte zur Antwort, aber die Gebühr dafür betrage zweitausend Franken.
Das ist dem Bittsteller zu teuer. Deshalb ruft er die Kantonsverwaltung in Liestal an. Da lautet die Antwort: «Im Baselbiet kostet eine Namensänderung tausend Franken.»
Auch das ist ihm zu viel. Da kommt ihm noch das Tessin in den Sinn. Die Tessiner sind doch so freundliche und grosszügige Menschen, da wird ein Namenswechsel bestimmt billiger sein. Er kann zwar kein Italienisch, aber ein italienischer Name würde bestimmt sehr schön und vornehm klingen.
Darum telefoniert er mit Bellinzona. Hier lautet die Antwort: «Ein Namenswechsel kostet bei uns fünfhundert Franken.» Das ist für Johannes Freudenhaus akzeptabel, und er reist schon am nächsten Tag ins Tessin und lässt sich einen neuen, italienischen Namen geben.
Zurück in Basel fragt ihn ein Freund: «Und, wie heisst du jetzt?» Freudestrahlend antwortet er: «Giovanni Bordelli!»

Der Feldweibel meldet seinem Hauptmann: «Siebzig Prozent der Mannschaft sind in einen Hinterhalt geraten!»
Hauptmann: «Quatsch! Das ist doch unmöglich; es sind ja nur sechzig Mann im Einsatz.»

In einem Bauerndorf im Oberen Baselbiet hat ein junger Lehrer aus dem Unteren Baselbiet die Oberstufe übernommen. Schon bald hat er den Eindruck, er müsse diese unwissenden Kinder sexuell aufklären. Damit er nicht im Theoretischen stecken bleibt, will er den Erfahrungsbereich der Bauernkinder heranziehen. So gibt er den Schülern den Auftrag, zu Hause die Eltern zu fragen, woher die Kälber kommen.
Am nächsten Tag fragt er die Schüler, was für Antworten sie bekommen hätten. Otto streckt sofort auf und sagt: «Mein Vater hat gesagt, die Kälber kommen aus dem Lehrerseminar in Liestal.»

Ein Mann kommt ins Radio- und Fernsehgeschäft.
Er fragt: «Ist Schwarz eine Farbe?»
Der Verkäufer: «Selbstverständlich!»
Der Mann: «Ist Weiss auch eine Farbe?»
Der Verkäufer: «Natürlich!»
Der Mann: «Dann habe ich also doch einen Farbfernseher gekauft!»

Was geschieht, wenn ein Mann in den Himmel kommt?
Er wird ein Engel!
Was geschieht, wenn zwei Männer in den Himmel kommen?
Sie werden zu zwei Engeln!
Was geschieht, wenn drei Männer in den Himmel kommen?
Sie werden zu drei Engeln!
Was geschieht, wenn alle Männer in den Himmel kommen?
Frieden auf Erden!!

Ein Fakir geht in den Hobbyladen und sagt:
«Ich hätte gerne fünftausend Nägel. Ich möchte mein Bett neu beziehen.»

Ehe und Partnerschaft

Edi, ein junger Bauer, hat sich in Maja aus dem Nachbardorf verliebt. Eines Abends gehen sie Hand in Hand über die Felder von Majas Vater. Da kommen sie an der Viehherde vorbei. Sie beobachten, wie zwei Kühe zärtlich die Köpfe aneinander reiben. «Das muss schön sein», murmelt Maja schüchtern, «das möchte ich auch!» «So geh doch!», sagt Edi, «die Kühe gehören ja deinem Vater.»

Eine Sportlerin heiratet. Die Hochzeitsgesellschaft versammelt sich vor der Kirche. Ein Onkel der Braut geht auf einen jungen, sportlichen, elegant gekleideten Mann zu und sagt: «Sie sind wohl der Bräutigam?»
«Leider nein», gibt dieser enttäuscht zur Antwort, «ich bin schon in der Vorrunde ausgeschieden!»

Toni fragt seine Mutter: «Wie lange bist du schon verheiratet?»
«Zehn Jahre», antwortet die Mutter.
Darauf Toni: «So lange! Und wie viele Jahre musst du noch machen?»

Papa zeigt seinem Sohn die Hochzeitsfotos. Da fragt der Kleine: «Papa, war das der Tag, an dem Mama bei uns angefangen hat zu arbeiten?»

Meint eine Freundin zur anderen: «Mein Mann und ich sind immer gleicher Meinung.»
Fragt die andere: «Gibt es das überhaupt?»
«Gewiss!», antwortet sie, «allerdings hat es einige Jahre gedauert, bis er das begriffen hat.»

In einer amerikanischen Zeitung erschien folgendes Inserat:
«Ehemann billig abzugeben samt seiner Jagdausrüstung und seinem Jagdhund. Von Oktober bis Dezember und April bis Oktober nur selten zu Hause.»
Nach einer Woche erschien ein zweites Inserat dieser Frau. Dieses lautete:
«Ziehe Verkaufsangebot meines billig abzugebenden Ehemanns zurück. Die Leute sind nur am Jagdhund interessiert.»

In einer süddeutschen Zeitung erschien folgendes Inserat:
«Meine Frau ist mir entlaufen. Der ehrliche Finder möge sie behalten.»

Zwei Kollegen treffen sich nach längerer Zeit:
«Du Sepp», meint der erste, «du hast doch deine Frau durch ein Zeitungsinserat kennengelernt. Bist du mit ihr zufrieden?»
Antwortet der zweite: «Ich habe die Zeitung abbestellt!»

Mann und Frau haben sich gezankt. Darauf schwieg die Frau eisern den ganzen Tag. Der Mann konnte tun, was er wollte, aber die Frau gönnte ihm kein Wort mehr. Schliesslich begann er, in Schränken und Schubladen herumzuwühlen. Endlich fuhr die Frau ihren Mann an: «Was um Himmels Willen suchst du denn?»
Mann: «Jetzt hab ich's gefunden – deine Stimme!»

Paradox ist, wenn einer jahrelang die Rechte studiert und dann an die Falsche gerät.

Die Tochter orientiert ihren Vater über die Verlobung mit ihrem Freund.
Vater: «Hat er denn Geld?»
Tochter: «Ihr Männer seid doch alle gleich. Genau das hat er von dir auch wissen wollen.»

Vater zu Barbara, seiner Tochter: «Du solltest Peter heiraten, der weiss, was er will!»
Barbara: «Ich nehme aber lieber Herbert, der weiss, was *ich* will.»

Ein junger Schauspieler zu seinem Vater: «Stell dir vor, mein erstes Engagement ist perfekt! Ich darf einen Ehemann spielen, der fünfzehn Jahre verheiratet ist.»
Vater: «Bravo, mein Sohn! Eines Tages werden sie dir auch eine Sprechrolle anbieten.»

Paul schrubbt den Küchenboden, als sein Freund dazukommt. Dieser meint: «So etwas fiele mir nicht im Traum ein!»
Paul: «Mir auch nicht – die Idee stammt von meiner Frau.»

Anwalt: «Sie wollen sich scheiden lassen? Was hat denn Ihre Frau gegen Sie in der Hand?»
Ehemann: «Tassen, Teller, Töpfe, Besen, Schrubber und Ähnliches.»

Der Ehemann zu seiner Frau: «Als die Nachbarn neue Möbel kauften, wolltest du unbedingt auch neue. Als sie sich ein neues Auto anschafften, wolltest du auch ein neues. Als sie einen neuen Fernsehapparat besorgten, mussten wir auch einen neuen kaufen.»
Ehefrau: «Und – was willst du damit sagen?»
Der Ehemann: «Was machen wir jetzt? Der Nachbar hat eine neue Frau!»

Der Ehemann hat das Kochen des Mittagessens übernommen, hinterlässt die Küche aber in einem Tohuwabohu.
Das veranlasst die Ehefrau zum Stossseufzer: «Danke, Herr, für den guten Willen meines Mannes; aber stärke den meinen, ihn immer zu ertragen!»

Die beiden Freundinnen Edith und Elsbeth treffen sich.
Edith schwärmt: «Mit meinem neuen Freund habe ich grosses Glück. Er bewundert alles an mir: meine blauen Augen, meine langen Haare, meine zarten Hände, meine schlanke Figur, meine sanfte Stimme, mein gutes Benehmen …»
Elsbeth unterbricht die Lobeshymne und fragt ziemlich ungeniert: «Was bewunderst denn du an deinem neuen Freund?»
Edith schlagfertig: «Seinen guten Geschmack!»

Bei der Testamentseröffnung erfährt die Ehefrau eines wohlhabenden Ehemannes, dass dieser seiner Freundin eine ansehnliche Summe vermacht hat. Wütend läuft sie ins Atelier des Grabsteinkünstlers und bittet den Steinmetz, die Inschrift auf dem in Auftrag gegebenen Grabstein zu ändern. Der Steinmetz aber sagt: «Ist leider nicht mehr möglich. Ich habe bereits auf Ihr Geheiss die Worte *Ruhe in Frieden* eingraviert.»
«Nun gut», erwidert die Witwe zähneknirschend, «dann setzen Sie einfach hinzu: ... *bis wir uns wiedersehen.*»

Zwei Kollegen verweilen etwas lange in der Wirtschaft. Als sie nach Mitternacht aufbrechen, sagt der eine: «Wenn ich heimkomme, kocht meine Frau vor Wut.»
Da meint der andere: «Meine macht mir um diese Zeit nichts Warmes mehr.»

Familienleben

Wollen Grosseltern mit ihren Nachkommen in Harmonie und Frieden leben, tun sie gut daran, sich an die drei bekannten «sch» zu halten, nämlich schlucken, schweigen, schenken.

Eine junge Familie macht am Sonntag eine Tageswanderung. Um die Mittagszeit kehrt sie in ein Restaurant ein. Der Vater bestellt das Essen für die ganze Familie. Als es serviert wird, flüstert der Vater über den Tisch: «Im Restaurant betet jedes leise für sich.» Da meint Reto ziemlich laut: «Warum beten?
Im Restaurant muss man doch bezahlen.»

Die Eltern von Andreas geben sich redlich Mühe, ihren Sohn in Freiheit zu erziehen. Sie fördern, wo immer möglich, seine Selbstständigkeit und sein Selbstbewusstsein. Erstaunt hören sie eines Abends durch die geschlossene Zimmertür den Jungen laut beten:
«Lieber Gott, mach aus mir einen braven Buben,
Papi und Mami schaffen es ja doch nicht.»

Eine Sechzehnjährige kauft sich neue Kleider. Sie geht zur Kasse und fragt die Verkäuferin: «Sollten diese Klamotten meinen Eltern gefallen, könnte ich dann zurückkommen und sie umtauschen?»

Mary zum Vater: «Warum lässt du mich immer noch nicht mit deinem Auto fahren? Ich bin doch jetzt alt genug!»
«Du schon», meint der Vater, «aber mein Auto nicht!»

Tobias sitzt am Tisch und erledigt seine Französischaufgaben. Plötzlich schaut er auf und fragt seinen Vater: «Heisst es auf Französisch la oder le cœur?»
«Nein, mein Sohn», erwidert der Vater, «es heisst liqueur.»

Ueli hat den Atlas vor sich und macht seine Geografieaufgaben. Weil er nicht weiterweiss, fragt er seinen Vater: «Papa, wo sind eigentlich die Bahamas?»
Vater: «Frag doch Mama, die räumt immer alles weg!»

Fünfzehn- bis Achtzehnjährige sind wie junge Löwen. Eine Umfrage unter ihnen hat nämlich ergeben: «Alle sind gegen die Gitterstäbe, aber erwarten eine geregelte Fütterung!»

Ein junges Ehepaar erwartet das erste Kind. Ausgerechnet auf den Geburtstermin hin muss der Mann in den Militärdienst einrücken. Bevor er einrückt, sagt er zur Frau: «Schicke mir eine Karte, wenn das Kind geboren ist; aber verwende einen Geheimcode, damit meine Kameraden nicht erfahren, dass ich Vater geworden bin, sonst muss ich ihnen im Ausgang eine Runde bezahlen. Und dieses Geld können wir jetzt für Besseres gebrauchen!»
Schon nach fünf Tagen erhält er die gewünschte Karte. Darauf steht der Zweizeiler:
«Melone, Melone, Melone;
zwei mit Stil, eine ohne!»

Ein junger italienischer Gastarbeiter ist mit einer Schweizerin verheiratet. Bei der Geburt der ersten beiden Kinder schaut der junge Vater der Hebamme gut auf die Finger, damit er bei einem dritten Kind die Entbindung selber durchführen könnte. Nach gut einem Jahr ist es so weit. Seine Frau liegt mit dem dritten Kind in den Wehen. Ihr Mann unternimmt alles richtig, wie er es bei der Hebamme gelernt hat. Das Kind wird nach fünf heftigen Wehen geboren und entbunden. Aber was sieht der junge Vater? Ein weiteres Kind erblickt das Licht der Welt! Auch dieses entbindet er fachgerecht und legt es neben das erste. Jetzt ruft seine Frau: «Pietro, ich glaube, es kommt noch ein drittes!»
Statt seiner Frau beizustehen, rennt er ans Telefon und ruft die Hebamme an. Verzweifelt schreit er in den Hörer: «Hebamme, kommen Sie schnell, alles bene gelaufen; aber habe vergessen zu fragen, wie abstellen!»

Livio ist zehn Jahre alt. Er möchte sich einen neuen Gummiball kaufen, der 10 Fr. kostet. Da er keine Möglichkeit sieht, dieses Geld auswärts zu verdienen, schreibt er seiner Mutter eine Rechnung:

Fr. 3.– fürs Anziehen der kleinen Schwester

Fr. 4.– fürs Hüten am Nachmittag

Fr. 3.– fürs Abtrocknen nach dem Mittag- und Abendessen. Macht zusammen Fr. 10.–

Vor dem Abendessen legt er diesen Zettel unauffällig unter den Teller seiner Mutter. Nach dem Essen sieht die Mutter den Zettel, liest ihn still für sich, legt ihn in eine Schublade und beginnt mit dem Abwaschen. Am andern Morgen findet Livio beim Frühstück einen Briefumschlag vor seinem Gedeck. Er öffnet ihn schnell. Tatsächlich enthält er eine Zehnernote! Livio freut sich sehr und bedankt sich bei der Mutter. Als er das Kuvert zur Seite legen will, entdeckt er darin noch einen Zettel. Da liest er:

Rechnung der Mutter:

Fr. 0.– für drei Mahlzeiten pro Tag

Fr. 0.– fürs Waschen, Bügeln und Flicken der Kleider

Fr. 0.– fürs Pflegen bei Krankheit

Total: Alles aus Liebe zu dir!

Livio ist gerührt, umarmt die Mutter und will ihr die zehn Franken zurückgeben. Sie aber lehnt ab und meint: «Die zehn Franken sind für deine gute Idee!»

Kindermund

Die kleine Susanne entdeckt an den Schläfen ihres Vaters die ersten grauen Haare. Da meint sie: «Papa, du fängst schon an zu schimmeln.»

Der Pfarrer beobachtet, wie des Nachbars Hansli im Pfarrgarten einen Apfel vom übervollen Baum pflückt. Als der Junge dies bemerkt, versteckt er ihn rasch im Hosensack. Der Pfarrer jedoch spricht Hansli augenzwinkernd an und meint: «Es ist dir doch bekannt, dass es jemanden gibt, der alles sieht und vor dem selbst ich Angst haben muss.»
Darauf Hansli stockend: «Ich weiss: Frau Pfarrer!»

Die Mutter wickelt das drei Monate alte Baby. Die vierjährige Helen schaut zu, wie die Mutter das Baby sauber macht, es wäscht, dann abtrocknet und schliesslich noch pudert.
Da fragt Helen ganz erstaunt: «Mama, warum musst du das Baby am Schluss noch salzen?»

Ein Vater erklärt seinem fünfjährigen Sohn, wie sein kleines Schwesterchen zur Welt gekommen ist: «Zuerst kam das Köpfchen, dann das linke Ärmchen, dann das rechte, darauf der Bauch und am Schluss noch die beiden Beinchen.»
Darauf der Fünfjährige: «Und dann hast du alles zusammengesetzt?»

Die kleine Julia darf das erste Mal an einem Ostergottesdienst teilnehmen. Nach dem Gottesdienst fragt die Mutter: «Was hat dir in der Kirche am besten gefallen?» Julia antwortet erfreut: «Als alle gesungen haben: *Hallo Julia!*»

Im Pfarrhaus klingelt das Telefon. Das zehnjährige Pfarrerstöchterchen nimmt ab und meldet sich wie gewohnt mit Vornamen und Namen. Am andern Ende meldet sich ein Mann und fragt nach dem Herrn Pfarrer und bittet um einen Termin. Da meint das Pfarrerstöchterchen selbstbewusst: «Mein Vater ist nicht hier, und Mama nützt ja doch nichts.»

Im Religionsunterricht der Zweitklässler kommt in einer Geschichte der Teufel vor. Auf dem Heimweg diskutieren die Schüler, ob es den Teufel wirklich gebe. Da meint Martin: «Mit dem Teufel wird es gleich sein wie mit dem Samichlaus – am Schluss stellt sich heraus, dass es der Vater ist.»

Drei Mädchen, ein deutsches, ein französisches und eines aus der Schweiz, diskutieren die wichtige Frage, woher die Kinder kommen.
Das deutsche behauptet: «Die kleinen Kinder bringt der Storch.»
Das französische flüstert vielsagend: «Ich habe gehört, das habe etwas mit Liebe und Sex zu tun.»
Das Schweizer Mädchen meint ganz unsicher: «Bei uns ist das wahrscheinlich von Kanton zu Kanton verschieden.»

Grossmutter zum Enkel: «Christian, wenn ich gähne, halte ich immer die Hand vor den Mund.»
Christian: «Brauche ich nicht, meine Zähne halten noch gut!»

Drei Knaben spielen am schulfreien Nachmittag miteinander Fussball. Nach einer Weile setzen sie sich auf eine Bank am Rand des Spielplatzes und beginnen zu erzählen, wie gut sie es zu Hause haben. Dabei kommen sie ins Prahlen und wollen sich gegenseitig übertrumpfen.
Der eine sagt: «Wir sind drei Kinder, und jedes hat seinen eigenen Computer!»
Der zweite ruft: «Wir sind vier Kinder, und jedes hat sein eigenes Zimmer!»
Und der dritte behauptet: «Wir sind fünf Kinder, und jedes hat seinen eigenen Vater!»

Die Mutter bittet ihren noch kleinen Sohn, sich hinzusetzen. Aber dieser will unbedingt stehen bleiben. Verärgert packt sie ihn und setzt ihn auf einen Stuhl. Nach einem Moment der Stille sagt der Kleine trotzig: «Aussen sitze ich, aber innen stehe ich noch!»

Der kleine Daniel aus der Stadt ist das erste Mal auf einem Bauernhof. Im Schweinestall fragt er: «Was sind das für Tiere?»
Der Bauer antwortet: «Das sind Schweine, mein Kleiner.»
Darauf Daniel: «Und wie nennt man sie, wenn sie gewaschen sind?»

Der Lehrer erklärt den Schülerinnen und Schülern: «Es ist nicht alles Gold, was glänzt! Wer kann mir dafür ein Beispiel nennen?»
Der vorwitzige Walterli: «Ihr Hosenboden, Herr Lehrer.»

Der Lehrer will den Schülerinnen und Schülern die Wirkungsweise eines Magneten erklären und sagt: «Was ist das: Es hebt Gegenstände auf, die herumliegen, und fängt mit M an?»
Christoph streckt auf und antwortet: «Die Mutter!»

Der Lehrer fragt: «Thomas, hast du ein Geschwisterchen?»
Thomas enttäuscht: «Nein, ich bin noch alleinstehend.»

Kevin besucht mit seinem Götti den Basler Zoo. Sie beobachten zusammen aufmerksam die Fütterung der Raubtiere. Als sie weitergehen, sagt Kevin schelmisch zum Götti: «Götti, hättest du nicht Lust, einmal zuzuschauen, wie ein kleiner Bub eine Portion Pommes frites mit Ketchup verschlingt?»

Der Sohn eines Fussballstars bringt das Zeugnis nach Hause und kommentiert es so: «Papi, alle meine Mitschülerinnen und Mitschüler müssen die Klasse wechseln, nur mein Vertrag mit der vierten Klasse wird verlängert.»

Ein Achtjähriger fragt seine Mutter: «Ist der liebe Gott krank?»
«Wie kommst du auf diese Idee?», will die Mutter wissen.
Der Achtjährige: «In der Zeitung habe ich gelesen, er habe Doktor Müller zu sich gerufen.»

Die Sonntagsschullehrerin versucht, den Kindern möglichst kindgerecht das Reich Gottes nahezubringen. Am Schluss ihrer Erzählung fragt sie: «Wer von euch möchte in den Himmel kommen?»
Alle strecken begeistert auf – ausser Toni. Er steckt beide Hände auffallend in die Hosentaschen und blickt düster vor sich hin. Der Sonntagsschullehrerin fällt das auf und sie fragt: «Toni, warum streckst du nicht auf?»
Toni antwortet stockend: «Ich ... ich kann ... nicht ... nicht mitkommen, ich ... ich habe meiner Mutter ver... versprochen, gleich nach der Sonntagsschule nach ... nach Hause zu gehen!»

Die Grossmutter ist bei der Familie ihres Sohnes zu Besuch. Nach dem Abendessen muss der sechsjährige Bruno schlafen gehen. Wie gewohnt, will er, dass die Schlafzimmertüre einen Spalt offen bleibt. In der Stube hört man ihn plötzlich sehr laut beten: «Lieber Gott, du weisst doch, dass ich zum Geburtstag ein neues Kindervelo möchte!»
Die Mutter stört das; sie geht noch einmal in sein Zimmer und fragt Bruno: «Warum redest du so laut beim Beten? Der liebe Gott ist doch nicht schwerhörig!»
Darauf Bruno: «Der liebe Gott nicht, aber die Grossmutter!»

Der Pfarrer spricht im Religionsunterricht über den Tod und darüber, dass der Mensch am Ende seines Lebens wieder zu Staub wird. Das hinterlässt beim kleinen Christian einen tiefen Eindruck. Am Abend spielt er am Boden seines Zimmers mit seinen geliebten Autos, die er unter dem Bett in die Garage fährt. Plötzlich steht er auf, läuft aufgeregt zur Mutter und sagt: «Mama, schau einmal unter mein Bett, da liegt ein Toter!»

Es klingelt an der Haustüre. Peterli, der kleine Bruder der zwanzigjährigen Cornelia, geht die Türe öffnen. Herein kommt Cornelias Freund. Da meint Peterli: «Du kommst aber ziemlich oft bei meiner Schwester zu Besuch. Hast du keine eigene?»

Der Lehrer erläutert im Naturkundeunterricht die verschiedenen Arten von Schlangen. Er merkt, dass Urs nicht bei der Sache ist. Darum will er wissen, was er vom Unterricht mitbekommen hat. Er bittet Urs: «Bitte zähl mir mal die Schlangenarten auf.» Urs beginnt stotternd und sagt: «Es gibt drei Arten von Schlangen: Wenn sie gut sehen, sind es Seeschlangen. Wenn sie nicht gut sehen, sind es Brillenschlangen. Und wenn sie gar nicht sehen können, sind es Blindschleichen.»

Reto kommt zu spät zur Schule. Er sagt zur Lehrerin: «Bitte entschuldigen Sie meine Verspätung, aber mein Schulweg ist total vereist. Auf einen Schritt vorwärts rutschte ich zwei Schritte rückwärts!»
Die Lehrerin stutzt einen Moment und wendet dann ein: «Das ist doch gar nicht möglich! So wärest du nie zum Schulhaus gekommen.»
«Doch, doch, Frau Lehrerin, ich habe mich auf halbem Weg schnell gedreht und bin dann gegen unser Haus gelaufen.»

Die Sonntagsschullehrerin erzählt den Kindern, wie der liebe Gott Eva aus einer Rippe Adams erschaffen hat. Ein paar Tage später ist der sechsjährige Jürg erkältet. Er hustet stark und hat Schmerzen in der Brust.
Als seine Mutter ihm einen Wickel auf die Brust legt, sagt er: «Mama, die Rippen schmerzen wirklich stark. Ich glaube, ich bekomme eine Frau.»

Es ist Winter. Auf dem Bauernhof nahe dem Pfarrhaus wird wie jedes Jahr ein Schwein geschlachtet. Gegen Abend legt die Bäuerin zwei Blut-, zwei Leber- und zwei Bratwürste in Papier eingehüllt in einen Einkaufskorb. Sie ruft Heini herbei und sagt zu ihm: «Bring diese Würste bitte ins Pfarrhaus mit einem schönen Gruss von mir!»
Heini nimmt den Korb, geht gehorsam zum Pfarrhaus und klingelt an der Haustüre. Frau Pfarrer öffnet die Tür und begrüsst ihn freundlich. Heini übergibt ihr den Korb mit einem schönen Gruss von der Mutter. Frau Pfarrer wirft einen Blick in den Korb, öffnet das Papier vorsichtig und sieht die wunderbaren Würste. Da meint sie voller Freude: «Sag deiner Mutter einen lieben Gruss, und ich lasse ihr von Herzen danken. Und sag ihr, das wäre wirklich nicht nötig gewesen!»
Da meint Heini: «Ja, das hat mein Vater auch gesagt.»

Der Pfarrer erklärt den Schülern das Unser Vater. Bei der Bitte *Gib uns unser tägliches Brot* fragt er: «Warum sollen wir täglich um unser Brot bitten?» Susi streckt auf und meint: «Damit es immer frisch ist!»

Gebet eines Kindes:
«Lieber Gott, mach, dass ich nicht krank werde und dass die Vitamine im Kuchen sind und nicht im Spinat!»

Aus einem Schulaufsatz:
Am vergangenen Sonntag wurden unsere neuen Kirchenglocken eingeweiht. Der Herr Pfarrer und der Herr Gemeindepräsident hielten schöne Reden. Dann wurden sie im Kirchturm aufgehängt. Seither ist es in unserem Dorf viel gemütlicher.

Lisa geht am Samstagmorgen mit ihrem Vater spazieren. Sie kommen miteinander ins Gespräch. Da sagt Lisa sehr geheimnisvoll: «Papa, sehr oft, wenn du fort bist, kommt ein fremder Mann zu Mama auf Besuch.»
Der Vater fragt: «Weisst du denn, wie er heisst?»
Lisa: «Nein, aber ich vermute, dass er vom Umweltschutz kommt; denn er fragt jedes Mal, wenn er zur Tür hereinkommt: ‹Ist die Luft rein?›»

Eine Mutter mit fünf Kindern geht am Mittwochnachmittag in ein Kaufhaus, um für die fünf neue Kleider zu kaufen. Am Eingang fragt sie eine Verkäuferin nach der Kinderabteilung. Da zupft die Kleinste die Mutter am Ärmel und fragt flüsternd: «Du, Mama, haben wir denn noch nicht genug?»

In der Schule bespricht der Lehrer mit den Schülern die Rechtssprechung in der Schweiz.
Da fragt er: «Wer kann mir sagen, was das Eidgenössische Bundesgericht ist?»
Ralph streckt auf und antwortet: «Geschnetzeltes mit Rösti!»

Der kleine Ruedi ist zum ersten Mal auf einem Bauernhof. Am Abend sieht er die Bäuerin ein Huhn rupfen. Da rennt er zu seiner Mutter und fragt: «Mami, muss man die Hühner jeden Abend ausziehen?»

Der Pfarrer bespricht mit seiner Klasse die beiden Sakramente Abendmahl und Taufe. Er fragt: «Was sind die sichtbaren Zeichen dieser beiden kirchlichen Handlungen? Beginnen wir mit dem Abendmahl.»
Gabi meldet sich und gibt zur Antwort: «Brot und Wein.»
«Sehr richtig!», lobt der Pfarrer die Schülerin.
«Wie aber steht es mit der Taufe?», fragt der Pfarrer weiter.
Jetzt meldet sich der zwölfjährige Roland, der schon bei der Taufe seiner vier jüngeren Geschwister dabei sein durfte, und meint mit überzeugter Stimme:
«Die sichtbaren Zeichen einer Taufe sind bei uns zu Hause Kaffee und Kuchen!»

Der kleine Remo geht mit seinem Grossvater spazieren. Plötzlich sagt der Grossvater: «Schau dir diese Pferdeäpfel auf der Strasse an. Komm, wir gehen schnell wieder nach Hause, holen eine Schaufel und einen Eimer, ich will diesen Pferdemist auf die Erdbeeren legen.»
Remo meint erstaunt: «Komisch, unsere Mama spritzt Schlagrahm auf die Erdbeeren!»

Auf einem Bauernhof bewundert die achtjährige Emilie das neugeborene Kälbchen und fragt: «Papi, kann aus diesem kleinen Kälbchen auch einmal eine Kuh werden?»
«Natürlich», antwortet der Vater und holt aus: «Alle Kühe waren einmal Kälbchen. Alle Männer waren einmal Knaben. Alle Frauen waren einmal Mädchen.»
Dann schaut Emilie zu ihrem Vater hoch und fragt: «Dann waren alle Velos auch einmal Trottinetts?»

Rund um die Kirche

Ein Missionar begegnet auf einer Wanderung in einem afrikanischen Land ganz unverhofft einem Löwen. Dieser kommt langsam, aber sicher auf ihn zu. In seiner Verzweiflung wirft sich der Missionar auf die Knie, schliesst die Augen und betet: «Oh Herr, mach aus diesem Löwen einen Christen!»
Als er die Augen wieder öffnet, sieht er, wie der Löwe seine Vorderpfoten übereinanderlegt und vor sich hin brummt: «Vater, segne diese Speise ...»

Einen Pfarrer stört es, dass ein Bauer Sonntag für Sonntag während seiner Predigt einschläft. Kurz entschlossen, verspricht er dessen Enkel, der seinen Grossvater regelmässig begleitet, einen Franken, wenn er seinen Grossvater mit Schubsen wachhält. An den ersten Sonntagen klappt das bestens. Aber nach etwa vier Wochen beginnt der Grossvater, während der Predigt wieder einzuschlafen, ohne dass ihn der Enkel weckt. Darauf angesprochen, meint der Kleine: «Grossvater gibt mir halt zwei Franken, wenn ich ihn schlafen lasse.»

Die kleine Hilda zur Mutter: «Mama, wo wohnt eigentlich der liebe Gott?»
«Im Himmel», antwortet die Mutter.
«Wieso gehen wir dann in die Kirche?», will Hilda wissen.
«In die Kirche gehen wir nur, wenn wir um etwas bitten wollen», erwidert die Mutter. «Ach so», meint jetzt Hilda, «im Himmel wohnt er, und in der Kirche hat er sein Büro.»

Der Pfarrer im Religionsunterricht: «Es ist eure Pflicht, jede Woche mindestens einen Menschen glücklich zu machen.»
Rolf meldet sich: «Herr Pfarrer, das mache ich.»
«Wie denn?», will der Herr Pfarrer wissen.
Rolf: «Ich besuche jede Woche meine Tante, und sie ist jedes Mal glücklich, wenn ich wieder nach Hause gehe.»

Die ersten Worte Evas im Paradies: «Ich habe nichts zum Anziehen!»

Nach drei Tagen Paradies nimmt Eva Adam bei der Hand, zieht ihn zu sich, schaut ihm tief in die Augen und fragt: «Hast du mich eigentlich lieb?»
Adam antwortet: «Natürlich – bei dieser Auswahl!»

Nach der Vertreibung aus dem Paradies arbeitet Adam sehr pflichtbewusst auf seinen Feldern. Eva fällt auf, dass er jeden Abend später nach Hause kommt. Sie wird misstrauisch. Eines Nachts spürt Adam, wie Evas Hand über seine Brust fährt, von unten nach oben und von oben nach unten. Es ist kein Streicheln, eher ein punktuelles Drücken. Noch ganz schlaftrunken, fragt er: «Eva, was soll deine Hand auf meiner Brust? Und das mitten in der Nacht!»
Da meint Eva mit ernster Stimme: «Ich zähle deine Rippen!»

In welcher Tonart waren die Posaunen von Jericho gestimmt?
In d-Moll! Sie haben alles demoliert!

Alex und Franz klauen Nüsse. Um nicht entdeckt zu werden, schleichen sie auf dem nahegelegenen Friedhof in die offenstehende Leichenhalle, um sie zu teilen. Aber vor der Türe verlieren sie in ihrer Hast noch zwei Nüsse. Sie schliessen die Türe und murmeln vor sich hin: «Eine für dich, eine für mich; eine für dich, eine für mich.» In dem Moment kommt der Friedhofgärtner vorbei und hört das Gemurmel. Ihm sträuben sich die Haare. Er läuft zum Pfarrer und berichtet ihm aufgeregt: «Herr Pfarrer, in der Leichenhalle spukt es. Da teilen der liebe Gott und der Teufel die Leichen unter sich auf.»
Der Pfarrer schüttelt den Kopf, geht aber trotzdem auf Zehenspitzen mit dem Friedhofgärtner zur Leichenhalle. Da hört auch er: «Eine für dich, eine für mich; eine für dich, eine für mich.»
Und dann hören beide: «So, das sind jetzt alle. Nun holen wir uns noch die beiden vor der Tür.»

Ein Mann ist auf seinem Velo von einem Dorf ins andere unterwegs. Als er einen Moment zurückschaut, kommt er von der Strasse ab und landet im Moor. Er betet zu Gott, er möge ihn retten. Schon bald kommen zwei Polizisten vorbei und bieten ihm ihre Hilfe an. Aber er lehnt dankend ab und ruft: «Nicht nötig, Gott wird mich retten.»
Der Mann sinkt immer tiefer ein. Da fährt eine Ambulanz heran. Die Sanitäter steigen aus und wollen dem Mann in seiner Not helfen. Aber er lehnt wieder mit den Worten ab: «Gott wird mich retten.»
Als er schon sehr tief im Moor steckt, kommt sogar ein Feuerwehrauto angefahren. Zwei Männer steigen aus und wollen den Mann, der am Ertrinken ist, herausziehen. Auch ihre Hilfe lehnt er ab und schreit mit letzter Kraft: «Gott wird mich retten.»
Schliesslich versinkt er total. Als er vor Petrus steht, fragt er vorwurfsvoll: «Warum hat mich der liebe Gott im Stich gelassen?» Da meint Petrus: «Lieber Mann, auch der Himmel kann nicht mehr tun, als die Polizei, den Krankenwagen und die Feuerwehr vorbeizuschicken!»

Ein Gefängnispfarrer sagt zum Häftling: «Nach Ihrer Entlassung werde ich Ihnen gerne helfen.»
Da meint der Häftling: «Das ist sehr nett von Ihnen; aber ich arbeite lieber alleine.»

Am See Genezareth will ein Tourist ein Boot mieten.
Er fragt: «Was kostet eine Stunde?»
«Fünfzig Dollar», antwortet der Vermieter.
«Das ist sehr teuer!», erwidert der Tourist.
«Aber bedenken Sie», so der Vermieter, «auf diesem See ist einst Jesus gewandelt.»
«Kein Wunder», sagt jetzt der Tourist, «bei diesen Preisen!»

Ein Handwerker kommt in den Himmel. Vorwurfsvoll sagt er zu Petrus: «Wieso habt ihr mich schon geholt, ich bin doch erst fünfzig!»
Petrus: «Ganz einfach, wir haben die Stunden zusammengezählt, die du deinen Kunden verrechnet hast, und da sind wir auf ein Alter von fünfundneunzig gekommen.»

Der Pfarrer erzählt den Kindern im Religionsunterricht die Geschichte von der Berufung der Apostel.
«Petrus», schildert er, «war Fischer. Als aber Jesus ihn zu sich rief, wurde er …»
«Polizist!», ruft Sebastian.
«Wie kommst du denn darauf?», fragt der Pfarrer verwundert.
«Ganz einfach», gibt Sebastian zur Antwort, «Jesus hat doch zu ihm gesagt: ‹Von nun an wirst du Menschen fangen.›»

Der kleine Jan blättert in der alten Familienbibel. Ganz vorsichtig wendet er Seite um Seite. Plötzlich fällt ein kleines, getrocknetes Kleeblatt heraus. Da ruft er: «Mama, schau mal, ich habe das Blätterkleid von Adam gefunden.»

Der Pfarrer will dem Ehepaar Mathys einen Besuch abstatten. Er klingelt an der Hausglocke. Durch die Gegensprechanlage tönt es ganz süss: «Engelchen, bist du es?»
«Nein», flüstert der Pfarrer ins Mikrophon, «aber ich bin von der gleichen Firma.»

Am Sonntag predigt der Pfarrer über die Wunder Gottes. Dabei ruft er voller Freude: «Selbst in jedem Grashalm steckt eine ganze Predigt!»
Tags darauf kommt Herr Schenk, der am Sonntag im Gottesdienst war, am Pfarrhaus vorbei und sieht den Pfarrer beim Rasenmähen. Da ruft er lachend: «So, so, Herr Pfarrer, kürzen Sie Ihre Predigt?»

Ein Geschäftsmann aus der Innerschweiz gönnt sich eine Auszeit und unternimmt eine Pilgerreise nach Lourdes. Vor seiner Rückkehr kauft er noch dieses und jenes ein, weil doch vieles in Frankreich billiger ist als zu Hause. Als er in Genf über die Grenze will, muss er sein Gepäck öffnen. Da entdeckt der Zöllner im Reisckoffer zwei Flaschen – gut in Zeitungspapier eingepackt.
Er fragt: «Was ist in diesen Flaschen?»
Der Geschäftsmann: «Geweihtes Wasser aus Lourdes.»
Der Zöllner wird misstrauisch, zieht einen Zapfenzieher aus seiner Ledertasche, öffnet eine Flasche, riecht am offenen Flaschenhals und stellt sachlich fest: «Das riecht aber nach bestem französischem Wein!»
Der Geschäftsmann ohne zu zögern: «Sehen Sie, schon wieder ein Wunder!»

In einem katholischen Dorf lebt ein junges Ehepaar, das nach fünf Jahren immer noch kinderlos ist. Die beiden wenden sich in ihrer Not an ihren Pfarrer. Dieser gibt ihnen den Rat, eine Pilgerreise nach Lourdes zu unternehmen, dort eine Kerze anzuzünden und für ein Kind zu beten.
In den darauffolgenden Ferien befolgen sie den Rat. Um ihrem Kinderwunsch mehr Gewicht zu verleihen, bleiben sie eine ganze Woche in Lourdes, zünden jeden Tag eine Kerze an und beten für ein Kind. Da ihr Pfarrer in der Zwischenzeit eine Pfarrei in einer Stadt übernommen hat, verliert er den Kontakt zum jungen Paar. Erst nach zehn Jahren kommt er anlässlich einer Beerdigung eines guten Freundes wieder einmal in seine ursprüngliche Gemeinde zurück. Da kommt ihm sein Ratschlag an das kinderlose Ehepaar wieder in den Sinn. Er nützt die Gelegenheit, die beiden zu besuchen. Ob die Wallfahrt nach Lourdes wohl Früchte getragen hat?
Schon im Garten ihres Hauses trifft er auf drei spielende Kinder. In der Wohnstube begegnen ihm zwei weitere. Er fragt das ältere Kind: «Wo ist denn eure Mutter?»
Es antwortet: «Sie ist im Badezimmer und wickelt unser Baby.»
«Und wo ist euer Vater?», will der Pfarrer nun wissen.
Da antwortet das Kind: «Er ist nach Lourdes gereist, um Kerzen auszulöschen».

Eine Diakonissin fährt in ihrer Tracht in ihrem kleinen Auto von Dorf zu Dorf, um kranke Gemeindeglieder zu pflegen. Unterwegs zum letzten Dorf bleibt ihr Auto bockstill stehen. Der Benzinanzeiger steht auf null. Die Diakonissin überlegt einen Moment, steigt aus, öffnet die Hecktüre und nimmt die Urinflasche aus ihrem Materialkistchen. Mit der Flasche in der Hand geht sie zu Fuss ins nächstgelegene Dorf, wo es eine Garage hat, und bittet den Garagisten um einen Liter Benzin, den sie in die Urinflasche abfüllen lässt.
Freudig kehrt sie zu ihrem Auto zurück, schraubt den Deckel vom Benzintank und füllt das Benzin aus der Urinflasche in den Tank. In diesem Moment nähert sich ein Lastwagen. Als der Chauffeur sieht, was die Diakonissin tut, hält er seinen Brummer an und ruft zum Fenster hinaus: «Schwester, Ihren Glauben möchte ich auch haben!»

Im Religionsunterricht fragt der Pfarrer: «Was hat der Engel bei der Vertreibung aus dem Paradies zu Eva gesagt?»
Die vorwitzige Elisabeth meldet sich und sagt: «Auf dem Bauch sollst du kriechen und Staub wischen dein Leben lang.»

Drei Gemeindemitglieder aus drei verschiedenen Dörfern reden über ihre Pfarrer. Helmut erzählt: «Wir haben seit einem Jahr einen ausgezeichneten Pfarrer. Er weiss am Samstagabend noch nicht, was er am Sonntag predigen will, und doch hält er jeweils eine so gute Predigt, dass die Kirche Sonntag für Sonntag voll ist.»
Lorenz rühmt: «Unser Pfarrer ist noch besser, er weiss zwei Stunden vor Gottesdienstbeginn noch nicht, was er predigen will, und doch hält er Sonntag für Sonntag eine so gute Predigt, dass die Leute in Scharen in die Kirche strömen.»
Da meint Roger: «Unser Pfarrer schlägt die beiden, er predigt schon eine Viertelstunde und weiss immer noch nicht, was er sagen will.»

Der neue Pfarrer, der zuvor einige Zeit in einer afrikanischen Kirche gearbeitet hat, erzählt der Schülerschaft Erlebnisse aus seinem Leben in Afrika. Dabei erwähnt er, dass abgelegene Volksgruppen noch die Vielehe praktizierten – im Gegensatz zur Einehe, wie sie bei uns gelebt wird. Diesen Unterschied erklärt er den Schülern ausführlich.
Eine Woche später will er wissen, was vom Erzählten hängengeblieben ist. Vreni meldet sich und erklärt: «In Afrika gibt es noch die Vielehe, das heisst: Ein Mann heiratet mehrere Frauen. Das nennt man Polygamie. In der Schweiz wird die Einehe gelebt, das heisst: Ein Mann heiratet nur eine Frau. Das nennt man Monotonie.»

Eine nicht mehr ganz junge Frau begibt sich zur Beichte in die Kirche. Sie bekennt klagend: «Herr Pfarrer, ich begehe jeden Morgen die Sünde der Eitelkeit. Ich schaue selbstverliebt in den Spiegel und bin stolz auf mein schönes Gesicht.»
Der Pfarrer schiebt den Vorhang zur Seite, wirft einen prüfenden Blick auf ihr Gesicht und meint dann tröstend: «Gute Frau, ich kann Sie beruhigen, es handelt sich hier nicht um die Sünde der Eitelkeit, sondern vielmehr um einen Irrtum.»

Ein Franziskanermönch besucht über Weihnachten ein Jesuitenkloster. (Die Jesuiten nennen sich auf Lateinisch «societas Jesu» oder auf Deutsch «Gesellschaft Jesu».) Am Heiligabend sagt ein Jesuit zum Franziskaner: «Morgen hältst du die Weihnachtspredigt. Ich lege dir den Predigttext auf die Kanzel, und dann kannst du zeigen, was ein Franziskaner kann!» Am Weihnachtsmorgen steht der Franziskaner rechtzeitig auf und macht sich für den Gottesdienst bereit. Als er auf die Kanzel steigt, sieht er einen Zettel auf dem Kanzelbrett liegen und liest darauf: «Als Jesus die Augen öffnete, sah er …»
Der Franziskaner überlegt nicht lange und beginnt seine Predigt mit den Worten: «Als Jesus die Augen öffnete, sah er neben seiner Krippe Ochs und Esel stehen und dachte: Das also ist die Gesellschaft Jesu.»

Ein katholischer Pfarrer wird von einer vornehmen Dame zum Abendessen eingeladen. Sie meint grosszügig: «Natürlich zusammen mit Ihrer Frau!»
«Das geht leider nicht», antwortet der Pfarrer, «wir haben das Zölibat.»
Da meint die vornehme Dame: «Dann bringen Sie doch das Zölibätli einfach mit.»

Im Vatikan hat der Kardinal für Ökumene die Sauna entdeckt. Das Schwitzen gefällt ihm so sehr, dass er sich von nun an jeden Dienstag und Freitag diese körperliche und seelische Entspannung gönnen will. Sein Sekretär aber wendet ein: «Am Freitag können Sie doch nicht in die Sauna gehen, denn an diesem Tag ist gemischte Sauna.»
Da meint der Kardinal: «Sie haben recht, Ökumene in Ehren! Aber mit Protestanten zusammen möchte ich tatsächlich nicht saunieren.»

Andrea, eine Theologiestudentin, ist bei den Professoren bekannt für ihre Intelligenz und Schlagfertigkeit. Darum will der Professor für das Alte Testament am Anfang der Schlussprüfung ihre Cleverness auf die Probe stellen. Er fragt sie: «Warum hat unser Schöpfer zuerst Adam erschaffen und Eva erst an zweiter Stelle?»
Andrea überlegt einen Moment und antwortet dann mit wohlgesetzten Worten: «Dem lieben Gott ist es wahrscheinlich ähnlich ergangen wie mir, wenn ich einen Brief schreibe: Zuerst mache ich einen Entwurf, dann erst folgt die Reinschrift!»

Ein Mädchen aus gut katholischem Haus bringt ihren neuen Freund nach Hause. Der aber ist reformiert. Nach ein paar Tagen nimmt die Mutter ihre Tochter zur Seite und sagt: «Hör mal, dein neuer Freund ist wirklich ein netter Junge. Aber wenn ihr heiraten wollt, solltet ihr doch besser die gleiche Konfession haben. Du musst ihm viel von unserer Kirche erzählen, vom Papst, den Bischöfen und von den vielen Heiligen. Dann besuche mit ihm vor allem unsere schönen Gottesdienste.»
Die Tochter verspricht das. Aber nach einem halben Jahr kommt sie eines Tages tränenüberströmt nach

Hause. Die Mutter fragt: «Was ist los, interessiert sich denn dein Freund nicht für den katholischen Glauben?»

Die Tochter schluchzt: «Viel zu fest – jetzt will er Priester werden.»

Frage: «Warum sind die heutigen Pfarrer nicht mehr so erfolgreich wie die ersten Apostel?»

Antwort: «Sie sind eben nur B-Postel!»

In Süddeutschland treffen sich die beiden Freundinnen Iris und Mirjam.

Iris schwärmt: «Denk, ich habe einen neuen Freund.»

Mirjam fragt: «Was ist er denn von Beruf?»

Iris ganz unsicher: «Ich weiss nicht so recht; aber er hat etwas mit der Kirche zu tun.»

«Ist er denn Pfarrer?»

«Nein.»

«Organist?»

«Nein.»

«Kantor?»

«Nein.»

«Küster?»

«Und wie!!»

In einem Bauerndorf ist das Pfarrhaus abgebrannt. Im Wirtshaus jammert der Pfarrer: «Ich habe im Feuer Hab und Gut verloren. Das Schlimmste aber ist, dass auch alle meine vielen Predigten vernichtet worden sind.»

Da meint ein Bauer schalkhaft: «Kein Wunder, so trockene Ware muss ja brennen.»

Der Professor fragt bei der theologischen Prüfung den Studenten: «Nennen Sie mir ein Gleichnis Jesu.» Der Student: «Das Gleichnis von den sieben fetten und den sieben mageren Jungfrauen!»

Gustav Berger hat für seine Familie ein älteres Einfamilienhaus in einem Dorf gekauft. Der Garten vor dem Haus ist verwildert und von Unkraut überwuchert. Kurz nach dem Umzug ins Haus macht sich Gustav im Garten an die Arbeit. Er legt Gemüsebeete an und setzt dem Rand entlang Blumenzwiebeln. Schon nach einem Jahr ist der Garten ein kleines Paradies.
An einem schönen Nachmittag kommt der Dorfpfarrer vorbei. Er bewundert den schön gepflegten Garten mit den Gemüse- und Blumenbeeten. Er grüsst den jätenden Gustav sehr freundlich. Danach beginnt er mit ihm ein Gespräch und sagt: «Ihr Garten ist wirklich eine Pracht! Da kann man nur staunen, was unser himmlischer Schöpfer alles an Gemüse und Blumen wachsen lässt.»
Da meint Gustav Berger etwas verlegen: «Da steckt aber auch meine Arbeit dahinter! Sie hätten den Garten sehen sollen, als ihn der liebe Gott noch alleine pflegte.»

Ein Tourist besucht ein Dorf im Bernbiet und schaut sich vor allem die Kirche an. Er ist vom Gebäude und den alten Fresken sehr beeindruckt. Als er den Sigrist antrifft, sagt er zu ihm: «Ihre Kirche ist wirklich schön, sauber und gut erhalten.»
Der Sigrist antwortet: «Die Leute schonen sie halt sehr.»

Der Dorfpfarrer will Familie Sutter auf ihrem kleinen Bauernhof besuchen. Vor dem Haus trifft er die Bäuerin an, die im Hofbrunnen einen Kartoffelkorb wäscht. Er begrüsst sie freundlich und sagt: «Es hat mich sehr gefreut, dass Sie trotz der vielen Arbeit, die zurzeit ansteht, gestern den Gottesdienst besucht haben. Darf ich fragen: Hat Sie die Predigt angesprochen?»
Die Bäuerin antwortet etwas zaghaft: «Wissen Sie, Herr Pfarrer, ich kann den Inhalt einer Predigt und den Text der gesungenen Lieder schlecht behalten. Aber mit dem Gottesdienstbesuch ergeht es mir wie mit dem Waschen dieses Korbes: Wenn ich ihn ins Wasser tauche und wieder hochziehe, bleibt kein Wasser drin – aber der Korb wird dadurch sauberer!»

In einem grösseren Dorf steht eine alte Getreidemühle, die noch in Betrieb ist. Der neue Dorfpfarrer möchte den Müller kennenlernen. Telefonisch vereinbart er mit ihm einen Besuch. Da der Müller eher ein wortkarger Mensch ist, dafür aber umso leidenschaftlicher Schach spielt, stellt er auf den vereinbarten Termin sein Schachbrett auf den Stubentisch. Kaum hat er den Pfarrer begrüsst, schlägt er ihm eine Schachpartie vor. Dieser willigt sofort ein und setzt sich ans Schachbrett. Schon nach einer halben Stunde ist die Partie zu Ende. Der Müller hat gewonnen. Da steht der Pfarrer auf und will sich verabschieden. Da meint der Müller: «Lassen Sie uns doch noch eine zweite Partie spielen, wir versäumen nichts, bei mir läuft die Mühle und bei Ihnen der Lohn!»

Stossgebet:
Lieber Gott, lass es Verstand regnen und nimm denen, die es besonders nötig haben, den Schirm weg!

Es ist Sonntagmorgen. Eine Bäuerin hat sich vorgenommen, in die Kirche zu gehen. Sie hat bereits die Sonntagsrobe angezogen. Nun legt sie noch Bohnen in eine Pfanne, giesst genügend Wasser dazu, stellt die Pfanne auf den Herd und schaltet die eine Platte auf Stufe drei ein, damit nach dem Gottesdienst das Mittagessen rechtzeitig bereit ist. Sie hört bereits die Kirchenglocken läuten. Jetzt noch schnell den Speck auf die Bohnen und das Kirchengesangbuch in die Handtasche legen, Mantel anziehen, Hut aufsetzen – und schon ist sie unterwegs. Noch ganz ausser Atem setzt sie sich in der Kirche in eine hintere Bankreihe. Nach dem Kanzelgruss zeigt der Pfarrer das erste Lied an. Die Bäuerin öffnet ihre Handtasche und zieht – o Schreck! – ihr Stück Speck hervor! Das Gesangbuch findet sie zu Hause gut gekocht auf den Bohnen.

Als in Amerika die Rassentrennung noch im Gesetz verankert war, wagte eine afroamerikanische Frau, regelmässig den Gottesdienst in einer Kirche für Weisse zu besuchen. Dem Pfarrer dieser Gemeinde gefiel das gar nicht. So sagte er bei einer guten Gelegenheit zu ihr: «Bevor Sie das nächste Mal den Gottesdienst in unserer Kirche besuchen, sollten Sie Gott im Gebet fragen, ob das wirklich sein Wille sei.» Nach ein paar Tagen begegnen sich die beiden auf der Strasse. Der Pfarrer geht auf die Frau zu und fragt: «Haben Sie jetzt mit dem lieben Gott gesprochen?»
«Habe ich!», antwortet diese selbstbewusst.
«Und, was hat er Ihnen geantwortet?»
«Er hat tatsächlich gesagt, ich soll nicht mehr zu Ihnen in den Gottesdienst gehen. Er selber gehe nämlich auch nicht mehr hin!»

Medizinisches

Als das Coronavirus Italien fest im Griff hat und die Schweiz erst wenige Infizierte zählt, hat Herr Meier einen Termin bei seinem Hausarzt. Er begibt sich rechtzeitig in die Praxis, meldet sich bei der Rezeption an und betritt das Wartezimmer. Dieses ist zum Bersten voll. Herr Meier grüsst sehr freundlich, aber laut und deutlich: «Buongiorno!» Innerhalb von zwei Minuten ist das Wartezimmer leer, und Herr Meier wird schon nach fünf Minuten von der medizinischen Praxisassistentin als «Nächster, bitte» zur Konsultation gerufen.

Ein Appenzeller kommt mit einem Fläschchen Medizin vom Doktor nach Hause. Er liest die Anleitung auf dem Fläschchen, geht ins Badezimmer, lässt warmes Wasser in die Badewanne einlaufen, zieht sich aus und legt sich ins lauwarme Wasser. Nun beginnt er in seinem herben Appenzeller-Dialekt zu wettern: «Ä saublödi Medizin das! Dä Dokter isch ä fertigä Lööli.» Dann liest er noch einmal, was auf dem Fläschchen steht: «Täglich 3-mal 8 Tropfen in warmem Wasser einnehmen.»

Ein Zürcher Clochard, stadtbekannt für seine ulkigen Sprüche, lässt sich von einem top Kardiologen untersuchen, seinerseits stadtbekannt für seine gesalzenen Rechnungen. Er habe, so klagt er dem Arzt, seit einigen Tagen starke Brustschmerzen in der Herzgegend. Nach der gründlichen Untersuchung mit Ultraschall, Belastungs-EKG und gezielten Fragen zu seinen Schmerzen beruhigt ihn der Arzt und meint: «Ich habe nichts Auffälliges gefunden, wahrscheinlich handelt es sich um eine nervöse Störung. Versuchen Sie, ein möglichst ruhiges Leben zu führen.»
Der Clochard: «Das tue ich schon jetzt. Aber nun habe ich noch ein Problem: Ich kann leider Ihre Rechnung nicht bezahlen. Ich bin nämlich arbeitslos und lebe unter freiem Himmel.»
Darauf der Arzt: «Unter diesen Umständen wären Sie besser gefahren, wenn Sie sich an einen jungen Kollegen gewandt hätten. Der wäre billiger gewesen!»
«Wissen Sie, Herr Professor», gibt unser Clochard zur Antwort, «wenn es um meine Gesundheit geht, scheue ich keine Kosten!»

Ein Pfarrer konsultiert seinen Hausarzt und klagt über starke Kopfschmerzen. Bevor ihn dieser zum Röntgen schickt, möchte er die Ursache durch gezielte Fragen herausfinden:
«Sind Sie ein starker Raucher?»
«Nein, das Rauchen habe ich schon vor Jahren aufgegeben.»
«Trinken Sie relativ viel Alkohol?»
«Nein, ich lebe seit meiner Jugend abstinent.»
«Belastet Sie eine peinliche Lüge?»
«Nein, ich versuche, immer zur Wahrheit zu stehen.»
«Wie steht es mit Ihrer Ehe? Passieren ab und zu Seitensprünge?»
«Sicher nicht! Ich bleibe meiner Frau treu.»
Nun räuspert sich der Arzt und meint augenzwinkernd: «Dann steht meine Diagnose fest: Ihnen ist der Heiligenschein zu eng geworden.»

Im Vorlesungssaal der medizinischen Fakultät:
Ein Student schreibt kurz vor Vorlesungsbeginn an die Wandtafel:
«Unser Herr Professor ist ein Fass!»
Der Professor betritt den Vorlesungssaal und sieht die Anschrift. Er hält einen Moment inne; dann wendet er sich den Studenten zu und doziert:
«Meine Damen und Herren, beachten Sie bitte den Unterschied: Ein Fass ist mit Reifen umgeben; ich aber mit Unreifen!»

Ein Automechaniker geht zum ersten Mal zum neuen Hausarzt. Er wird von der Assistentin ins Behandlungszimmer geführt. Nach der Begrüssung des Arztes fällt ihm das Skelett auf, das in der hinteren Ecke steht. Scherzhaft fragt er den Arzt: «Ist das Ihr Ersatzteillager?»

Das Alter

Zwei betagte Männer treffen sich in einem Selbstbedienungsrestaurant. Sie setzen sich an einen freien Tisch und studieren die Menükarte. Da sagt der 90-Jährige zum 85-Jährigen: «Du bist noch besser zu Fuss als ich. Bitte hol mir doch Vermicelles. Aber schreib's auf, damit du es nicht vergisst.»
Der 85-Jährige: «Ist nicht nötig, habe noch ein gutes Gedächtnis.»
Der 90-Jährige: «Ich möchte aber Vermicelles mit viel Schlagrahm. Schreib's auf, sonst vergisst du es.»
Der 85-Jährige: «Sicher nicht! Kann alles noch gut speichern.»
Der 90-Jährige: «Aber die rote Kirsche darf nicht fehlen. Schreib's auf, damit meine Wünsche erfüllt werden.»
Der 85-Jährige: «Werde dir die Vermicelles so bringen, wie du es gesagt hast.»
Nun steht der 85-Jährige auf und geht zum Buffet. Nach fünf Minuten kommt er zurück und stellt seinem Freund einen Teller mit Pommes frites hin. Der 90-Jährige schaut verdutzt auf den Teller und meint vorwurfsvoll: «Ich habe doch gewusst, dass du die Bratwurst vergisst.»

Stephan fragt seinen achtzigjährigen Vater: «Und, wie war es an eurer Klassenzusammenkunft?»
Vater: «Wie immer: alte Gesichter und neue Zähne!»

Ein Pfarrer unterbricht seine Predigt und schaut fast zwei Minuten lang nach oben. Schliesslich erklärt der Pfarrer: «Liebe Gemeinde, ich bitte den Unterbruch zu entschuldigen, ich hatte eben eine Erscheinung.»
Am Ausgang fragt ihn eine Frau teilnahmsvoll: «Herr Pfarrer, was hatten Sie denn für eine Erscheinung?»
Der Pfarrer meint ehrlich: «Eine Alterserscheinung!»

Eine einundneunzigjährige Frau mit bleichem, runzligem Gesicht geht auf dem Friedhof langsam von einem Grab zum andern. Schliesslich wendet sie sich an den Friedhofgärtner und fragt: «Könnten Sie mir sagen, wo das Grab Nummer 598 ist?»
Der Friedhofgärtner blickt die Frau erstaunt an und sagt: «Solche Leute haben wir gerne, die aus ihrem Grab steigen und dann den Heimweg nicht mehr finden!»

Ein betagtes Ehepaar setzt sich in einem Park auf eine Bank und ruht sich aus. Nach einer Weile gesellt sich ein jüngerer Mann hinzu. Er hört, wie der Ehemann seine Frau auf die Schönheiten ihrer Umgebung aufmerksam macht:
«Schau Schatzi, wie schön diese Rosen blühen! Schau Schatzi, wie gross dieser Baum geworden ist und uns kühlen Schatten spendet! Schau Schatzi, wie die beiden jungen Hunde herumtollen!»
Der junge Mann zeigt sich gerührt und sagt zu seinem Banknachbarn: «Ich finde es schön, dass Sie sich im hohen Alter noch mit Schatzi anreden.»
Da rutscht der betagte Ehemann näher zum jüngeren Mann und flüstert ihm ins Ohr:
«Wissen Sie, ich habe ihren Namen vergessen.»

Frage an einen betagten Mann: «Hat eigentlich das Leben Ihre Kinderwünsche erfüllt?»
Der betagte Mann: «Ja, einen zumindest. Als ich Kind war und die Mutter mir die Haare kämmte, wünschte ich mir eine Glatze – und die habe ich nun!»

Ein älteres Ehepaar sieht eines Abends im Fernsehen einen Liebesfilm. Darauf gehen die beiden ins Bett. Der Mann legt sich sofort auf die Seite. Die Frau sagt nach einer Weile: «Fritz, früher, als wir noch jung waren, hieltest du mir im Bett die Hand.»
Fritz tut es.
Kurz darauf die Frau: «Fritz, früher streicheltest du mir im Bett die Haare.» Fritz tut es.
Die Frau erneut: «Fritz, früher hast du mir gerne ins Ohrläppchen gebissen.»
In diesem Moment richtet sich Fritz auf, rutscht über die Bettkannte und geht schnellen Schrittes zur Türe.
Die Frau ruft erschrocken: «Fritz, was ist los? Wohin willst du?»
Fritz: «Die Zähne holen!»

Die in die Jahre gekommene Ehefrau steht vor dem Spiegel und sagt zu ihrem Mann: «Jetzt schau doch einmal, wie dick, wie runzlig und wie alt ich geworden bin. Bitte, sag mir doch etwas, was mich tröstet und aufmuntert.»
Da meint der Mann trocken: «Deine Augen sind noch hundertprozentig in Ordnung.»

Eine ältere Frau füllt im Passbüro einen Antrag auf Verlängerung aus. Bei der Rubrik «Alter» zögert sie lange. Schliesslich beugt sich der Beamte über den Schalter und flüstert: «Je länger Sie warten, desto schlimmer wird es.»

Im Alterszentrum hilft Frau Zürcher in der Küche Äpfel schälen. Sie schneidet die Äpfel in Schnitze und legt diese auf eine Zeitung. Die Köchin beobachtet das und meint zur betagten Frau: «Das ist doch unappetitlich.»
Frau Zürcher erwidert augenzwinkernd: «Nein, nein, das ist der Kirchenbote!»

Im Altersheim feiert Frau Brunner ihren achtzigsten Geburtstag. Der Heimleiter klopft an ihre Türe, tritt mit einem Blumenstrauss in ihr Zimmer und will ihr gratulieren. Er sieht noch, wie Frau Brunner schnell eine Zigarette im Aschenbecher ausdrückt. Da meint er fürsorglich: «Liebe Frau Brunner, Sie wissen doch, rauchen ist auch in Ihrem Alter sehr ungesund.»
Frau Brunner erwidert mit schelmischem Blick: «Gesund ist es nicht, aber es riecht so gut nach Mann.»

Die ehemaligen Schülerinnen und Schüler einer Dorfschulklasse treffen sich alle fünf Jahre in einem Restaurant zum Mittagessen. Im Alter von fünfundsiebzig Jahren müssen sie ein neues Restaurant suchen, weil das bisherige schliessen musste.
Fredy schlägt vor:
«Treffen wir uns im Ochsen; da werden wir von einer jungen, hübschen Serviertochter bedient.»
Zur 80-Jahre-Zusammenkunft schlägt Walti vor:
«Treffen wir uns im Ochsen; da ist ein Koch angestellt, der für besonders zartes Fleisch bekannt ist.»
Zur 85-Jahre-Zusammenkunft schlägt Werni vor:
«Treffen wir uns im Ochsen; da liegen die Toiletten im Erdgeschoss direkt hinter der Gaststube.»
Zur 90-Jahre-Zusammenkunft – es sind immerhin noch sieben – schlägt Max vor: «Treffen wir uns im Ochsen; da waren wir noch nie!»

Zum Nachdenken

Rezept für einen Friedenskuchen:

Man nehme zwölf Monate und siebe sie rein von Vorurteilen, Ungerechtigkeiten, Gerüchten und Egoismus.

Dann giesse man einen Liter Verständnis dazu und füge fünf Esslöffel Rücksicht bei.
Weiter mische man drei Teelöffel Mut darunter und würze alles mit einer gehörigen Portion Fantasie.

Die ganze Masse wird gut umgerührt und in eine Herzform gegossen. Diese schiebe man in den vorgeheizten Ofen.

Wenn der Kuchen eine goldgelbe Farbe angenommen hat und herrlich durch die ganze Wohnung duftet, wird er herausgenommen und auf ein Gitter gelegt.

Schliesslich wird er mit einem dicken Guss Liebe überzogen und in 365 kleine Portionen aufgeschnitten.

Man serviere die einzelnen Stücke täglich mit viel Heiterkeit und Humor und geniesse ihren Geschmack von Frieden und Harmonie in vollen Zügen.

En Guete!

Viele Dinge kann man nicht mit Geld bezahlen, aber mit einem Lächeln und einem herzlichen Dankeschön.

Wer sich heute freuen kann, der soll nicht bis morgen warten. (**Pestalozzi**)

Ein freundliches Wort, das heute vom Baum fällt, kann morgen Früchte tragen. (**Jüdisches Sprichwort**)

Nichts ist gesünder auf dieser Welt, als sich ab und zu krankzulachen! (**Carolus Magnus**)

Der Humor ist keine Gabe des Geistes; er ist eine Gabe des Herzens.

Der verlorenste aller Tage ist der, an dem man nicht gelacht hat. (**Nicolas Chamfort**)

In einem guten Wort steckt Wärme für drei Winter.
(**Aus der Mongolei**)

Ein Freund ist jemand, der deine Vergangenheit versteht, an deine Zukunft glaubt und dich heute so nimmt, wie du bist.

Wir haben gelernt, wie die Vögel zu fliegen, wie die Fische zu schwimmen; aber wir haben die einfache Kunst verlernt, wie Brüder und Schwestern zu leben.
(**Martin Luther King**)

Nicht *da* ist man daheim, wo man seinen Wohnsitz hat, sondern, wo man verstanden wird.

Es ist seltsam, dass die schmutzigsten Geschäfte von jenen Leuten gemacht werden, die mit allen Wassern gewaschen sind.

Ein Rabbi fragt: «Wann beginnt der Tag?»
Ein Schüler: «Ist es, wenn ich ein Schaf von einem Hund unterscheiden kann?»
Der Rabbi: «Nein.»
Ein anderer Schüler: «Ist es, wenn ich einen Dattel- von einem Feigenbaum unterscheiden kann?»
Der Rabbi: «Nein.»
Dann fährt er fort: «Der Tag beginnt dann, wenn ich im Gesicht eines Menschen meinen Bruder oder meine Schwester erkennen kann. Vorher ist noch finstere Nacht!»

Mir bereiten nicht diejenigen Bibelstellen Bauchweh, die ich nicht verstehe, sondern diejenigen, die ich verstehe. (**Mark Twain**)

Das Leben ist viel zu kurz für ein langes Gesicht!

Auf jeden Beruf bereitet sich der Mensch vor, nur auf den schwersten nicht, nämlich auf die Ehe. (**Hermann Oeser**)

Man heiratet diejenige Person, die man liebt; aber dann gilt es, diejenige Person zu lieben, die man geheiratet hat.

Die Ehe ist eine Brücke, die man täglich neu bauen muss – am besten von beiden Seiten her.

Wer mit seinem Partner nicht die Zeit vertreibt, vertreibt sich mit der Zeit seinen Partner.

Liebe auf den ersten Blick ist wunderbar. Aber ein zweiter Blick ist meistens keine schlechte Idee.

Die Liebe ist ein Geschenk des Himmels – muss aber auf Erden gelebt werden.

Die Ehe ist wie ein Telefon: Hat man nicht richtig gewählt, ist man falsch verbunden.

Die Liebe geht auf leisen Sohlen, wenn sie kommt; und schletzt Türen, wenn sie geht.

Die Liebe lebt von liebenswürdigen Kleinigkeiten. (**Theodor Fontane**)

Liebe ist das Einzige, was wächst, wenn wir es verschenken. (**Ricarda Huch**)

Ohne Liebe:
Pflichtbewusstsein ohne Liebe macht stur;
Verantwortung ohne Liebe macht rücksichtslos;
Gerechtigkeit ohne Liebe macht hart;
Klugheit ohne Liebe macht überheblich;
Ordnung ohne Liebe macht kleinlich;
Besitz ohne Liebe macht geizig;
Glaube ohne Liebe macht fanatisch;
Ein Leben ohne Liebe ist ein verlorenes Leben.

Wer sich einsetzt, setzt sich aus!

Man muss nicht alles auf den Kopf stellen, um etwas Neues auf die Beine zu stellen.

Die Art, wie man gibt, ist mehr wert, als das, was man gibt. (**Corneille**)

Glückliche Eltern sind für die Kinder segensreicher als hundert Lehrbücher über Erziehung.

Kinder sind dann erwachsen, wenn sie nicht mehr fragen, woher sie kommen, und verschweigen, wohin sie abends gehen.

Es ist einfacher, eine Nation zu regieren, als vier Kinder zu erziehen. (**Winston Churchill**)

Unser Haus ist sauber genug, um gesund zu sein; und schmutzig genug, um glücklich zu sein. (**Eine Hausfrau**)

Wer die Vergangenheit nicht kennt, kann die Gegenwart nicht verstehen und die Zukunft nicht gestalten. (**Helmut Kohl**)

Man sollte vom Kopfsalat lernen: dieser hat das Herz im Kopf! (**Pfarrer Ernst Sieber**)

Das Geld ist ein guter Diener, aber ein schlimmer Herr. (**Aus Frankreich**)

Ein Schüler fragt seinen Rabbi: «Welchen Einfluss hat Geld auf den Menschen?»
Der Rabbi sagt zum Schüler: «Tritt ans Fenster! Was siehst du?»
Der Schüler: «Ich sehe eine Frau mit einem Kind an der Hand.»
Der Rabbi: «Gut. Und jetzt schau in diesen Spiegel! Was siehst du?»
Der Schüler: «Ich sehe mich selber.»
Der Rabbi: «Genau so ist es! Das Fenster ist aus Glas und der Spiegel ist aus Glas. Kaum legst du ein bisschen Silber dahinter – schon siehst du nur noch dich selber!»

Nur das Känguru kann mit einem leeren Beutel grosse Sprünge machen. (**Willy Ritschard**)

Ein kluger Mensch ist nicht einer, der keine Fehler macht, sondern einer, der einen Fehler nicht zweimal macht. (**Winston Churchill**)

Ich kann dem Leben nicht mehr Tage geben, aber dem Tag mehr Leben. (**Lebenserfahrung**)]

Es gibt erfülltes Leben trotz vieler unerfüllter Wünsche. (**Dietrich Bonhoeffer**)

Das Leid ist der Ballast deines Lebensschiffes;
ohne ihn schwankt es und hat keinen Tiefgang.
(**Lisa Wenger**)

Gott hilft uns nicht immer am Leiden vorbei, aber er hilft uns hindurch. (**Lebenserkenntnis**)

Die Menschen haben zwei Wünsche: Alt werden und jung bleiben! (**Lebenserfahrung**)

Wer die Gottesgabe der Begeisterung besitzt, der wird wohl älter, aber nicht alt. (**Gerhard Onken**)]

Altwerden ist, wie auf einen Berg zu steigen: Je höher du kommst, desto mehr Kräfte verbrauchst du, aber umso weiter siehst du. (**Ingmar Bergman**)]

Es kommt nicht darauf an, wie alt man ist, sondern *wie* man alt ist.

Liebe ist das einzige Taschentuch, das die Tränen der Trauernden trocknet. (**Spurgeon**)]

Ein verwundet Herz hat keinen besseren Trost als eine mitfühlende Seele. (**Jeremias Gotthelf**)

Gebet:
Gott, gib mir
die Gelassenheit, Dinge hinzunehmen, die ich nicht ändern kann;
den Mut, Dinge zu ändern, die ich ändern kann;
und die Weisheit, eines vom anderen zu unterscheiden.

Gott segne dich!
Er erfülle dein Herz mit Freude,
deine Augen mit Lachen,
deine Ohren mit Musik,
deinen Mund mit Jubel,
deine Hände mit Zärtlichkeit,
deine Arme mit Kraft,
deine Füsse mit Tanz.
Er bewahre dich vor allem Ungemach
und beschütze dich zu allen Zeiten.
Amen.

Danken möchte ich:

meiner Familie für die guten Tipps bei der Fertigstellung des Manuskripts, Karl Herweg für die ausgezeichneten Illustrationen, dem Blaukreuz-Verlag für die Herausgabe dieses Büchleins.

Weitere Bücher dieses Autors:

Alfred Eglin-Weidmann

Engel sind auch nur Menschen

Humorvolles mitten im Ernst des Lebens

Softcover, 112 Seiten

ISBN 978-3-85580-428-3

Alfred Eglin-Weidmann

Hoffnung schöpfen

Worte, die trösten und Mut machen

Hardcover, 168 Seiten

ISBN 978-3-85580-497-9

Alfred Eglin-Weidmann

Im Vorhof des Himmels

wo es noch sehr irdisch zugeht

Softcover, 112 Seiten

ISBN 978-3-85580-438-2

Weitere Bücher aus dem Verlag MOSAICSTONES:

Oliver Merz

papperlapapp – sinnvoll kurz und knapp

lyrische erstlinge

Hardcover, 72 Seiten
ISBN 978-3-906959-38-2

Oliver Merz reimt zur Coronakrise, zu sozialen, politischen und kulturellen Themen und lässt auch Gott und Feste im Kirchenjahr nicht aus. Der Gedichtsband ist mit Kunstwerken vom Autor illustriert. Die Gedichte eignen sich zum Vorlesen in Gottesdiensten, bei Sitzungen, Anlässen usw.

Oliver Merz

kein larifari – auf der lebenssafari

lyrische zweitlinge

Hardcover, 96 Seiten
ISBN 978-3-906959-51-1

Oliver Merz reimt auch in seinem zweiten Gedichtband zu sozialen, politischen und kulturellen Themen weiter und lässt auch Gott, Religion und Spiritualität nicht aus.
Die Texte sind illustriert mit Fotos des Autors, die er auf seiner bisherigen Lebensreise festgehalten hat. Dies verleiht dem Buch eine besondere persönliche Note.

Oliver Merz

ohne klimbim – von tief und sinnig bis heiter und innig

lyrische drittlinge

Hardcover, 88 Seiten
ISBN 978-3-03965-005-7

Oliver Merz reimt auch in seinem dritten Buch zu sozialen, politischen und kulturellen Themen weiter und lässt auch Gott, Religion und Spiritualität nicht aus. Die Texte sind illustriert mit Fotos des Autors. Diese authentischen Aufnahmen verleihen dem Buch eine besonders persönliche Note.

Markus Battaglia

Ansichten eines Fischers

Oder der Widerstand

Taschenbuch, 160 Seiten
ISBN 978-3-03965-020-0

E-Book:
ISBN 978-3-03965-021-7

Der Roman umschreibt einen 16-jährigen Kampf, den die Einwohner des Rheinwalds zwischen 1930 und 1946 geführt haben. Dabei ging es um den Plan eines Konsortiums, fast das ganze Tal zu fluten um ein riesiges Wasserkraftwerk bauen zu können.

Das Buch erzählt nicht nur eine Geschichte eines fast in Vergessenheit geratenen Widerstandes. Er zeigt auch brandaktuelle Themen auf, die uns in der Politik und im Alltag beschäftigen.

Martin Fontanellaz

Weihnachtswarm

Hardcover, 26 Seiten

ISBN 978-3-85580-575-4

An Heiligabend ist der kleine Luchs nicht gerade gut gelaunt: Morgen ist Wein-Nacht, dabei hat er doch gar keine Lust, zu weinen! Seine Eltern können ihn beruhigen: Das heisst Weihnachten und ist kein Grund zum Weinen, weil es nämlich das schönste und wärmste Fest des ganzen Jahres ist. Um an diesem «wärmsten Fest» nicht zu verschmachten, wetzt sich der kleine Luchs vorsorglich das Winterfell ab. Am Weihnachstmorgen staunt er aber nicht schlecht, als es nicht etwa warm, sondern eisig kalt ist. Unterwegs trifft er auf einen Eisvogel und einen Fuchs, die ihm zeigen, dass die Wärme an Weihnachten nicht nur von der Sonne kommt.

e-book

Hedwig Gerber

Engel tragen manchmal Grau

Paperback, 144 Seiten

ISBN 978-3-906959-11-5

Gottes Humor und Liebe kompakt! Authentisch und humorvoll erzählt Hedwig Gerber Anekdoten und Begebenheiten aus ihren über achtzig Lebensjahren. Von Geburt an erlebt sie, wie Gott die Fäden in ihrem Leben spannt – und wie diese Fäden sie tragen. Und doch ist dieses Buch keine breitspurige Wunderanreihung – vielmehr öffnet es den Blick auf jenen Gott, der im ganz Gewöhnlichen und Alltäglichen auftaucht, eingreift und durchträgt. Und es zeigt einen Gott voller Humor und Liebe, einen Gott, der Menschen weiterbringt, sie über sich hinauswachsen lässt.

Fredy Staub
Die atemberaubende Fahrt ins grosse Glück

Paperback, 88 Seiten
ISBN 978-3-906959-04-7

Blaues Kreuz Schweiz (Hrsg.)
Mein Grosi ist ein Schlitzohr

Enkelkinder erzählen von ihren Großeltern

Softcover, 112 Seiten
ISBN 978-3-85580-572-3

Johanna Spyri
Erzählungen

Geschichten mit Herz und Gehalt

Hardcover, 84 Seiten
ISBN 978-3-906959-43-6